ትምህርት ቤት - ụlọ akwụkwọ	2
ጉዞ - njem	5
መንገገ - njem	8
ከተማ - obodo	10
መልከዓምድር - odida obodo	14
ምግብ ቤት - ụlọ oriri na ọnụnụ	17
የሽቀጣ ሽቀጥ መደብር - ụlọ ahịa	20
መጠጦች - ihe ọnụnụ	22
ምግብ - nri	23
እርሻ - ugbo	27
ቤት - ụlọ	31
ሳሎን - ime ụlọ ezumike	33
ማድቤት - usekwu	35
መታጠቢያ ቤት - ụlọ ịsa ahụ	38
የልጅ ክፍል - ụlọ nwa	42
አልባሳት - uwe	44
ቢሮ - ụlọ ọrụ	49
ኢኮኖሚ - akụnụba	51
የስራ ሙያዎች - aka ọrụ	53
መሳሪያዎች - ngwaọrụ	56
የሙዚቃ መሳሪያዎች - ngwa egwu	57
የደር እንስሳት ማቆያ - zuu	59
የስፖርት አይነቶች - egwuregwu	62
እንቅስቃሴዎች - ihe omume	63
ቤተሰብ - ezinụlọ	67
አካል - ahụ	68
ሆስፒታል - ụlọ ọgwụ	72
ድንገተኛ - mberede	76
ምድር - Ụwa	77
ሰዓት - elekere	79
ሳምንት - izu	80
ዓመት - afọ	81
ቅርያች - ụdị	83
ቀለማት - na agba	84
ተቃራኒዎች - mmegide	85
ቁጥሮች - nọmba	88
ቋንቋዎች - asụsụ	90
ማን/ ምን/ እንዴት - onye / ihe / olee	91
የት - ebee	92

Impressum
Verlag: BABADADA GmbH, Nedderfeld 112 , 22529 Hamburg
Geschäftsführer / Verlagsleitung: Harald Hof
Druck: Books on Demand GmbH, In de Tarpen 42, 22848 Norderstedt

Imprint
Publisher: BABADADA GmbH, Nedderfeld 112 , 22529 Hamburg, Germany
Managing Director / Publishing direction: Harald Hof
Print: Books on Demand GmbH, In de Tarpen 42, 22848 Norderstedt, Germany

ትምህርት ቤት
ụlọ akwụkwọ

ማካፈል
nkewa

ሰሌዳ
obosara

መማሪያ ክፍል
n'ime ụlọ akwụkwọ

የትምህርት ቤት ቅጥር ግቢ
ogige ụlọ akwụkwọ

መምህር
onye nkuzi

ወረቀት
akwukwo

መፃፍ
dee

እስክርብቶ
mkpịsị ode akwụkwọ

መማሪያ ጠረጴዛ
tebụl

ማስመሪያ
ngwaoru eji atu ihe osise

መጽሐፍ
akwụkwọ

ተማሪ
nwa akwụkwọ

የጀርባ ቦርሳ
akpa

የእርሳስ *መያዣ*
akpa pensụl

እርሳስ
pensụl

የእርሳስ *መቅረጫ*
nkọ pensụl

ላጲስ
rọba

የስዕል ደብተር
obosara ihe osise

ስዕል
ihe osise

የቀለም ብሩሽ
ahịhịa agba

የቀለም ሳጥን
igbe agba

መቀስ
mkpa

ማጣበቂያ
mmapa

መልመጃ ደብተር
akwụkwọ mmega

የቤት ስራ
ọrụ omume ulo

ቁጥር
nọmba

መደመር
tinye

መቀነስ
wepụ

ማባዛት
ba uba

ቁጥሮችን ማስላት
gbakọọ

ደብዳቤ
ozi

ፊደላት
abiichii

ቃል
okwu

ትምህርት ቤት - ụlọ akwụkwọ

ፅሑፍ
ederede

ማንበብ
gụọ

ጠመኔ
nzu

ትምህርት
ihe mmụta

ምዝገባ
deba aha

ፈተና
ule

ሰርተፊኬት
asambodo

የትምህርት ቤት የደንብ ልብስ
uwe ụlọ akwụkwọ

ትምህርት
agumakwukwo

አዉደ ጥበብ
akwụkwọ nkà ihe ọmụma

ዩኒቨርስቲ
mahadum

የምርምር እጉሊ መሳርያ
mikroskopu

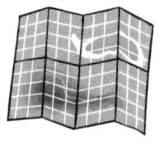
ካርታ
maapụ

የቆሻሻ ወረቀት መጣያ ቅርጫት
nkata-ahihia

ትምህርት ቤት - ụlọ akwụkwọ

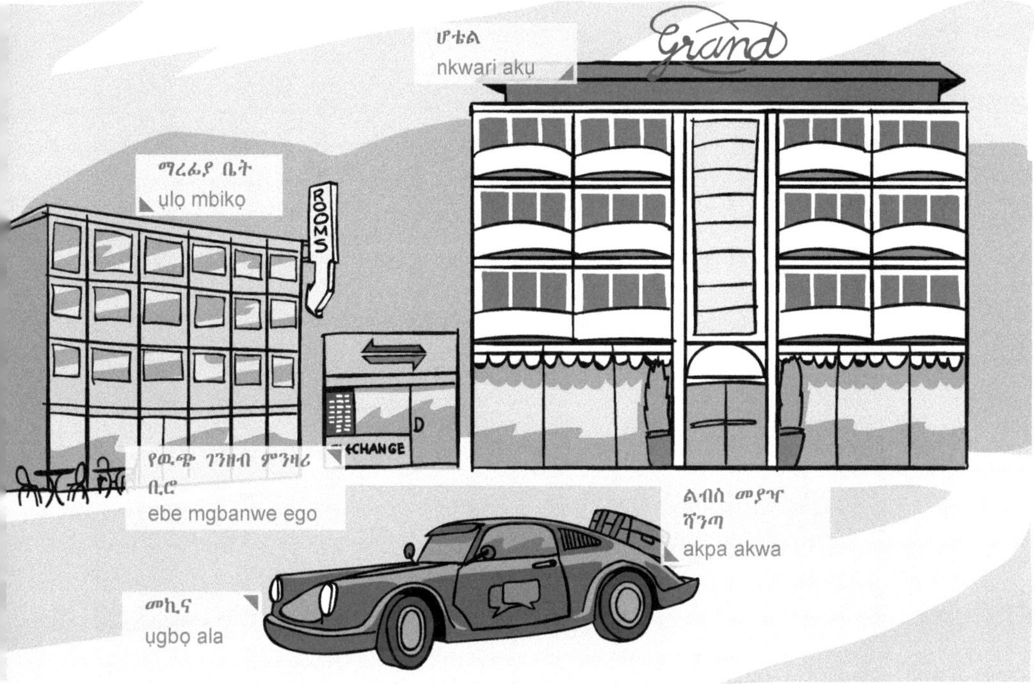

ጉዞ
njem

ሆቴል
nkwari akụ

ማረፊያ ቤት
ụlọ mbikọ

የዉጭ ገንዘብ ምንዛሪ ቢሮ
ebe mgbanwe ego

ልብስ መያዣ ሻንጣ
akpa akwa

መኪና
ụgbọ ala

ቋንቋ
asụsụ

አዎ / አይደለም
ee / mba

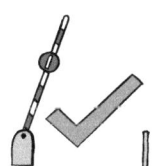

እሺ
Ọdịkwa mma

ሰላም
nnọọ

እስተርጓሚ
onye ntụghari

አመሰግናለሁ
Daalụ

ስንት ነዉ…….?
ego ole bụ…?

አልገባኝም
Aghọtaghị m

እክል
nsogbu

እንደምን አመሹ!
Mgbede ọma!

እንደምን አደሩ!
Ụtụtụ ọma!

መልካም ምሽት!
Ka chifoo!

ደህና ይሰንብቱ
ka ọ dị

አቅጣጫ
ntụziaka

ሻንጣ
ibu

ቦርሳ
akpa

የጀርባ ቦርሳ
akpa azu

እንግዳ
ọbịa

ክፍል
ime ụlọ

የመተኛ ቦርሳ
akpa ụra

ድንኳን
ụlọikwuu

የጎብኚዎች መረጃ
ozi njem nleta

የባሕር ዳርቻ
osimiri

ክሬዲት ካርድ
kaadị akwụmụgwọ

ቁርስ
nri ụtụtụ

ምሳ
nri ehihie

እራት
nri abalị

ቲኬት
tiketi

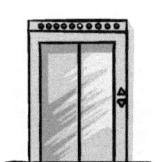
አሳንሰር
mbuli

ማህተም
stampụ

ድንበር
ókè

ባህሎች
ndị kọstọm

ኤምባሲ
ụlọ ọrụ nnọchite anya obodo

ቪዛ/የይለፍ ወረቀት
visa

ፓስፖርት
paspọtụ

ጉዞ - njem

መንገድ
njem

መርከብ / ugbọ mmiri

አውሮፕላን / ugbọelu

የእሳት አደጋ መኪና / ọkụ ingin

የዩኒት መኪና / gwongworo

አውቶቢስ / bọs

የሞተር ጀልባ / ugbọ mmiri

መኪና / ugbọ ala

ብስክሌት / ọgbatụmtụm

የማመላለሻ ጀልባ

ugbo

ጀልባ

ugbọ mmiri

የሞተር ብስክሌት

ọgba tum tum

የፖሊስ መኪና

ugbọ ala uwe ojii

የውድድር መኪና

ugbọ ala na-agba ọsọ

የኪራይ መኪና

ugbọ ala mgbazinye

መንገድ - njem

የመኪና መጋራት
nkekọrịta ụgbọ ala

ጎታች መኪና
gwongworo

የቆሻሻ ጭነት መኪና
ụgbọala ntufu ahịhịa

ሞተር
moto

ነዳጅ
mmanụ ụgbọala

የቤንዚን ማደያ
ebe ana ere mmanụ

የመንገድ ምልክት
akara okporo ụzọ

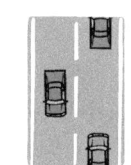

የመኪዎች እንቅስቃሴ
okporo ụzọ

የመኪና መጨናነቅ
mkpọchị okporo ụzọ

የመኪና ማቆሚያ
odu ụgbọ ala

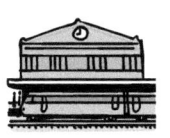

የባቡር ጣቢያ
ọdụ ụgbọ oloko

የባቡር ሀዲዶች
ụzọ

ባቡር
ụgbọ oloko

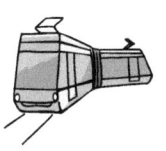

የኤሌክትሪክ ባቡር
ụgbọ oloko

ሰረገላ
ajujụ

መንጓገ - njem

ሄሊኮፕተር
helikopta

አየር ማረፊያ
ọdụ ụgbọ elu

ማማ
ụlọ elu

መንገደኛ
onye njem

ማስቀመጫ፤ ማጠራቀሚያ
akpa

ካርቶን እቃ ማሸጊያ
katọn

ጋሪ፣ ተሳቢ
ụgbọ ibu

ቅርጫት
nkata

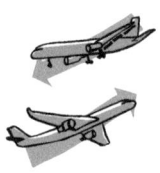

መነሳት/ ማረፍ
gbapụ / ala

ከተማ
obodo

መንደር
obodo

የከተማ ማዕከል
etiti obodo

ቤት
ụlọ

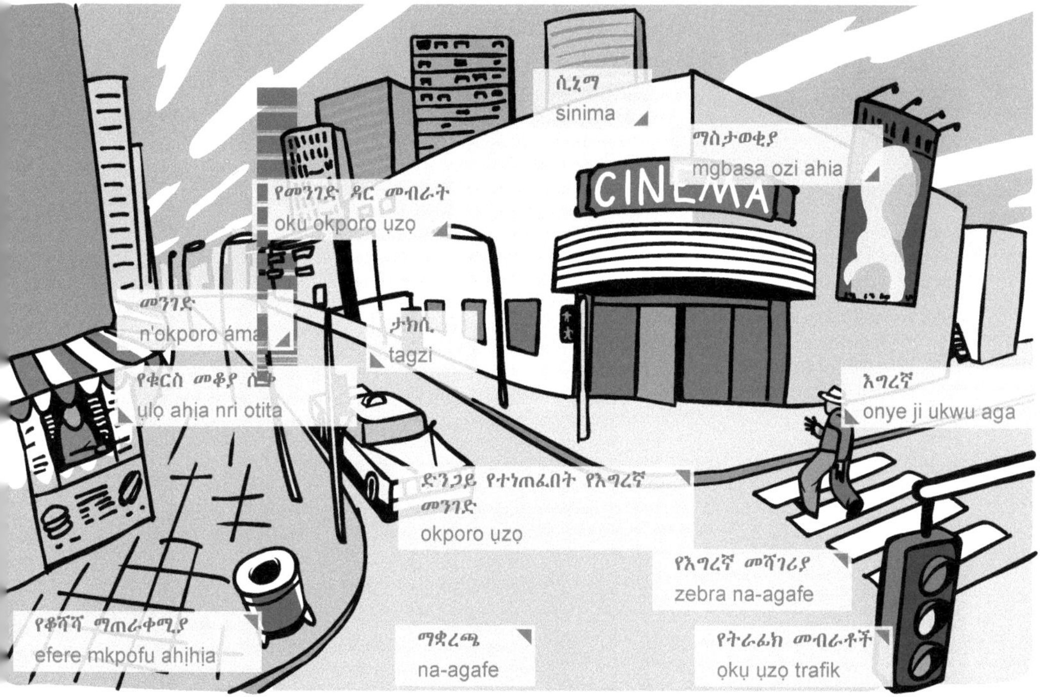

ሲኒማ
sinima

ማስታወቂያ
mgbasa ozi ahia

የመንገድ ዳር መብራት
oku okporo uzo

መንገድ
n'okporo ama

ታክሲ
tagzi

የቁርስ መቆያ ሱቅ
ulo ahia nri otita

እግረኛ
onye ji ukwu aga

ድንጋይ የተነጠፈበት የእግረኛ መንገድ
okporo uzo

የእግረኛ መሻገሪያ
zebra na-agafe

የቆሻሻ ማጠራቀሚያ
efere mkpofu ahihia

ማቋረጫ
na-agafe

የትራፊክ መብራቶች
oku uzo trafik

ጎጆ
obi

አፓርታማ
ohiha

የባቡር ጣቢያ
odu ugbo oloko

የከተማ አዳራሽ
nnukwu onu ulo obodo

ቤተ መዘክር
ihe ngosi nka

ትምህርት ቤት
ulo akwukwo

ከተማ - obodo

ዩኒቨርስቲ
mahadum

ባንክ
ụlọ akụ

ሆስፒታል
ụlọ ọgwụ

ሆቴል
nkwari akụ

መድሃኒት ቤት
ahịa ọgwụ

ቢሮ
ụlọ ọrụ

መፅሐፍ መሸጫ
ụlọ ahịa akwụkwọ

ሱቅ
ụlọ ahịa

የአበባ መሸጫ
onye ore fulawa

የሽቀጣ ሸቀጥ መደብር
ụlọ ahịa

ገበያ ስፍራ
ahịa

መደብር
ngalaba ụlọ ahịa

የዓሳ ነጋዴ
onye azu

የገበያ ማዕከል
ụlọ ahịa

ወደብ
ọdụ ụgbọ mmiri

ከተማ - obodo

መናፈሻ ቦታ
ogige

አግዳሚ ወንበር
oche

ድልድይ
akwa ngafe

ደረጃዎች
steepụ

ዉስጥ ለዉስጥ
n'okpuruala

ዋሻ
ọwara

የአዉቶቡስ ፌርማታ
ebe bọs na-akwụsị

ባር
ụlọ mmanya

ምግብ ቤት
ụlọ oriri na ọṅụṅụ

የፖስታ ሳጥን
igbe akwụkwọ ozi

የመንገድ ምልክት
akara okporo ụzọ

የመኪና ማቆሚያ ሒሳብ የሚያሰላ ማሽን
igwe nnara ego ndoba ụgbọala

የደር እንስሳት ማቆያ
zuu

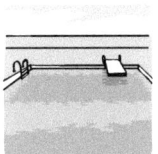
የመዋኛ ገንዳ
ebe igwu mmiri

መስጊድ
ụlọ alakụba

ከተማ - obodo

ርሻ
ugbo

የሚበክል ነገር
mmeto

መቃብር ስፍራ
ili

ቤተ ክርስቲያን
ulo uka

መጫወቻ ሜዳ
ama egwuregwu

ቤተ መቅደስ
ulonso

መልከዓምድር
odida obodo

ቅጠል
akwukwo nri

የመንገድ ላይ ምልክት
akara

መንገድ
uzo

አረንጓዴ መስክ
ahihia

በ ግራ የሚንዛ
onye njem

ድንጋይ
nkume

ዛፍ
osisi

ወንዝ
osimiri

ሳር
ahihia

አበባ
ifuru

 ሸለቆ ndagwurugwu	 ኮረብታ ugwu	 ሃይቅ ọdọ mmiri
 ጫካ ọhịa	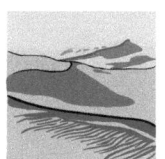 በረሃ ọzara	 እሳተ ገሞራ ugwu mgbawa
 ግምብ nnukwu ụlọ	 ቀስተ ዳመና eke mmiri	 እንጉዳይ ero
 የቴምብር ዛፍ/ ዘንባባ nkwụ	 ቢንቢ/ የወባ ትንኝ anwụnta	 በራሪ ofufe
 ጉንዳን agbeshi	 ንብ aṅụ	 ሸረሪት ududo

መልከዓምድር - odida obodo

ጢንዚዛ

ahụhụ

እንቁራሪት

awọ

ሽኮኮ

osa

ጃርት

oke ọhịa

ጥንቸል

oke oyibo

ጉጉት ወፍ

ikwiikwii

ወፍ

nnụnụ

የዉሃ ዳክዬ

Agbanye

ክርከሮ

ezi ọhịa

ኣጋዝን

mgbada

ኣጋዝን

anụ ọhịa

ግድብ

ihe mgbochi mmiri

በነፋስ የሚሽረከር

ikuku igwe

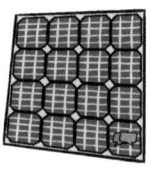

የፀሀይ ፓኔሎ

igwe anwụ

ኣየር ንብረት

ihu igwe

16 መልከዓምድር - odida obodo

ምግብ ቤት
ụlọ oriri na ọnụnụ

አስተናጋጅ
onye na-ebu nri

ማዉጫ
ndeputa nri

ወንበር
oche

ሾርባ
ofe

ፒዛ
pizza

መካተፊያ
ngaji na nma

የጠረጴዛ ጨርቅ
ákwà tebụl

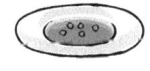

የምግብ ፍላጎትን የሚከፍት
...ምግብ...
mbido

ዋና ምግብ
isi nri

ማጣጣሚያ ተከታይ ምግብ
mmeju nri

መጠጦች
ihe ọnụnụ

ምግብ
nri

ጠርሙስ
karama

ፈጣን ምግብ
nri ngwa ngwa

የመንገድ ምግብ
nri n'okporo ámá

የሻይ ማንቆርቆሪያ
ketulu tii

የስኳር እቃ
nnukwu efere shuga

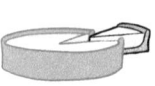
ድርሽ
òkè

የቡና ማፊያ ማሽን
igwe kofi

ባለጌ ወንበር
oche dị elu

የክፍያ ደረሰኝ
ụgwọ

ትሪ
efere obosara

ቢላዋ
nma

ሹካ
ndụdụ

ማንኪያ
ngaji

የሻይ ማንኪያ
ngaji tii

ልብስ ምግብ እንዳይነካ የሚረዳ ጨርቅ
akwụkwọ oche

ብርጭቆ
iko

ምግብ ቤት - ụlọ oriri na ọnụnụ

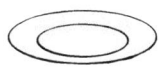		
ዝርግ ሰህን	የሾርባ ጎድንዳ ሰህን	የስኒ ማስቀመጫ
efere	efere ofe	efere ihendori

ማጣፈጫ ስጎ	የጨዉ እቃ	የተፈጨ ቃሪያ
ihendori	ite nnu	igwe ose

ኮምጣጤ	የምግብ ዘይት	ቀመማ ቅመሞች
mmanya gbara uka	mmanu	ngwa nri

የቲማቲም ድልህ	ሰናፍጭ	ማዮኒዝ
ihe ndori	mostad	mayonezi

ምግብ ቤት - ulo oriri na onunu

የሸቀጣ ሸቀጥ መደብር

ụlọ ahịa

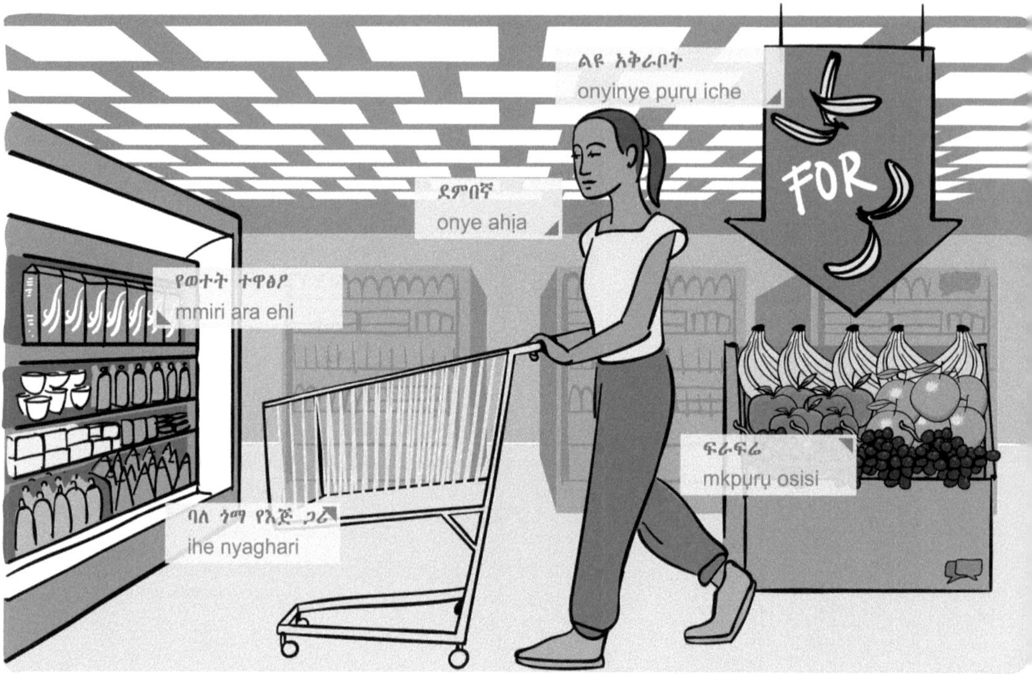

ልዩ አቅራቦት
onyinye pụrụ iche
FOR
ደምበኛ
onye ahịa
የወተት ተዋፅዖ
mmiri ara ehi
ፍራፍሬ
mkpụrụ osisi
ባለ ጎማ የእጅ ጋሪ
ihe nyaghari

BUTCHERS

ሉካንዳ ነጋዴ

igbu anụ

BAKERY

መጋገርያ

onye ome achịcha

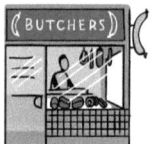

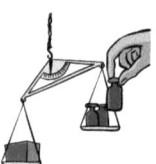

ክብደት መመዘን

tụọ

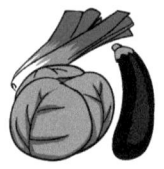

ቅጠላ ቅጠል አትክልት

akwụkwọ nri

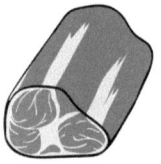

ስጋ

anụ

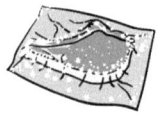

የቀዘቀዘ/የረጋ ምግብ

nri oyi kpọnwụrụ

ቀዝቃዛ ቁራጭ

anụ oyi

የታሸገ ምግብ

nri komkom

የማጠቢያ ዱቄት

ntụ ọsịsa

ጣፋጮች

ihe ụtọ

የቤት ዉስጥ ዉጤቶች

ngwaahịa ụlọ

የዕዳታ ምርቶች

ngwaahịa nhicha

የሽያጭ ባለሙያ

onye n'ere ahịa

የገንዘብ መመዝበያ ማሽን

rue

የሒሳብ ሰራተኛ

onye okwu ugwo

የግር ዝርዝር

ndepụta izụ ahịa

ክፍት ሰዓታት

awa mmepe

የኪስ ቦርሳ

obere akpa

ክሬዲት ካርድ

kaadị akwụmụgwọ

ቦርሳ

akpa

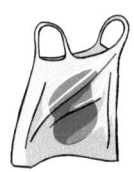

የፕላስቲክ ቦርሳ

akpa rọba

የሸቀጣ ሸቀጥ መደብር - ụlọ ahịa

መጠጦች
ihe ọnụnụ

ውሃ
mmiri

ጭማቂ
ihe ọnụọnụ

ወተት
mmiri ara

ኮካ-ኮላ
mmanya otobiri kooku

ወይን
mmanya

ቢራ
biya

አልኮል
mmanya na egbu egbu

ኮኮ
koko

ሻይ
tii

ቡና
kọfị

የተፈላ ቡና
kofi

ካፑቺኖ
cappuccino

ምግብ
nri

ሙዝ
unere

ፖም
apụl

ብርቱካን
oroma

ሀብሀብ
egwusi

ሎሚ
oroma nkịrịsị

ካሮት
karọt

ነጭ ሽንኩርት
galiki

ሽምበቆ
achara

ቀይ ሽንኩርት
yabasị

እንጉዳይ
ero

ለውዝ
akụ

የህፃናት ምግብ
nri eriri

ፓስታ
spaghetti

ሩዝ
osikapa

ሰላጣ
nri ahihia

የድንች ጥብስ
ibe

ድንች ጥብስ
nduku eghere eghe

ፒዛ
pizza

ዳቦ ዌስጥ በስሱ ተጠብሶ የገባ ስጋ
achicha

ሳንድዊች
sanwichi

ጥሬ ስጋ
anu

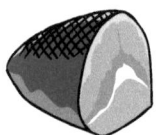
የአሳማ ስጋ
apata ukwu ezi

በቅመምና በጨዉ የታሽ ምግብ ቀዝቅዞ የሚበላ ሾርባ ምግብ
salami

ቂሊማ
soseeji

ዶሮ
okuko

ጥብስ
ihunuoku

አሳ
azu

ምግብ - nri

የአጃ ገንፎ	ከወተት ጋር ተደባልቀዉ የሚበሉ ምግቦች	የበቆሎ ቅሪፌት
nri ọka	nri ututu	ọka

ዱቄት	ኩራሳ	ድብልብል ዳቦ
ntụ ọka	achịcha	mpiakọta achịcha

ዳቦ	መጥበስ	ብስኩት
achịcha	tost	biskit

ቅቤ	እርጎ	ኬክ
bọta	achịcha	achịcha
	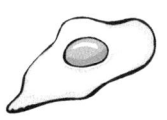	
እንቁላል	እንቁላል ጥብስ	አይብ
akwa	akwa eghere eghe	chiiz

ምግብ - nri

የበረዶ ክሬም
ihe nracha

ስኳር
shuga

ማር
mmanụ aṅụ

ማርማላት
jam

የተናጠ የወተት ክሬም
gbasaa shuga

ማጣፈጫ
kọrị

እርሻ
ugbo

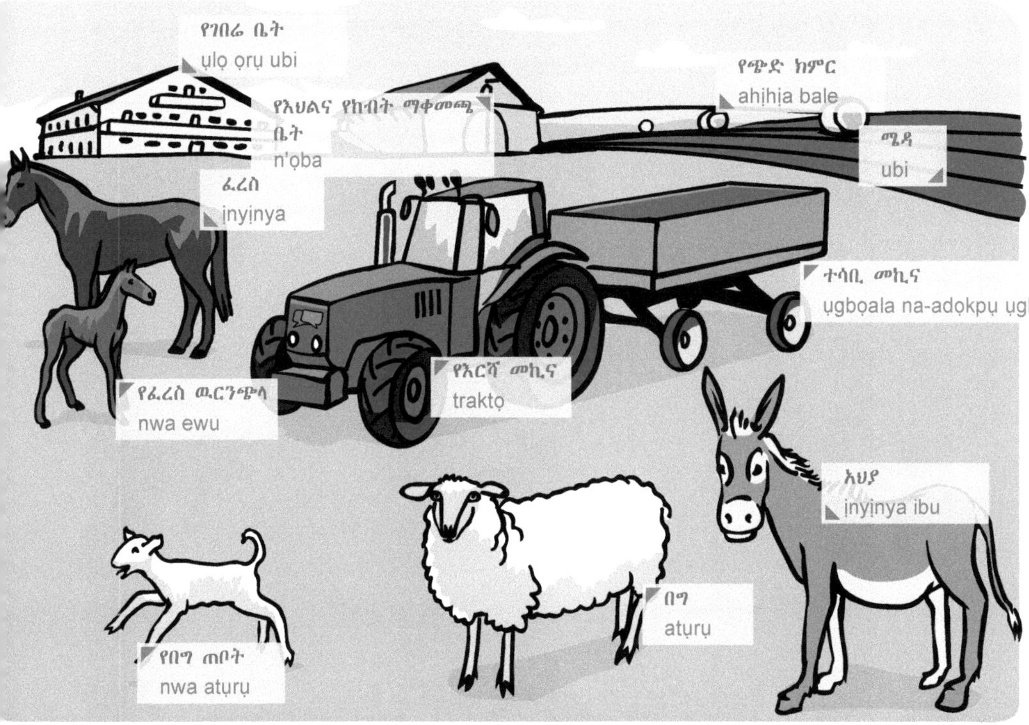

የገበሬ ቤት — ulọ ọrụ ubi
የእህልና የከብት ማቀመጫ ቤት — n'ọba
ፈረስ — ịnyịnya
የጭድ ክምር — ahịhịa bale
ሜዳ — ubi
ተሳቢ መኪና — ụgbọala na-adọkpụ ụgbọ
የፈረስ ዉርንጭላ — nwa ewu
የእርሻ መኪና — traktọ
አህያ — ịnyịnya ibu
በግ — atụrụ
የበግ ጠቦት — nwa atụrụ

ፍየል

mkpi

ላም

ehi

ጥጃ

nwa ehi

አሳማ

ezi

ግልገል አሳማ

nwa ezi

ኮርማ

ehi

እርሻ - ugbo

ዝይ
ogazi

ዳክዬ
odoguma

የዶሮ ጫጩት
nwa okuko

ዶር
nne okuko

አዉራ ዶሮ
oke ọkpa

አይጥ
oke

ደድመት
pusi

አይጥ
oke

በሬ
ehi

ዉሻ
nkịta

የዉሻ ቤት
nkịta ụlọ

የአትክልት ቦታ
paipu nhicha ogige

ዉሃ ማጠጫ ባልዲ
iko mgbara mmiri

ረጅም ማጭድ
scythe

ማረሻ
ịkọ

28   እርሻ - ugbo

ማጭድ
mma ọhịa

መኮትኮቻ
ogu

የእህል መንሽ
fọk ahihia

መጥረቢያ
anyu-ike

ኩርኩር/ የእጅ ጋሪ
wiilbaro

ገንዳ
ubi

የወተት ዕቃ
komkom mmiri ara ehi

ጆንያ ከረጢት
akpa

አጥር
ngere

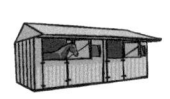

የፈረስ ጋጣ
ụlọanụ

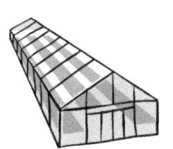

ዕፅዋት ማሳደጊያ የመስታዉት ቤት
ulo glaasi

አፈር
ala

ዘር
mkpụrụ

የመሬት ማዳበሪያ
fatịlaiza

ጥምር ማረሻ
njikọta ihe ubi

እርሻ - ugbo

አዝመራ መስብሰብ

owuwe ihe ubi

አዝመራ

owuwe ihe ubi

ድንች

ji

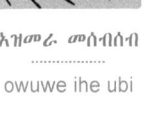

ስንዴ

ọka wit

ሶያ

soya

ድንች

nduku

በቆሎ

ọka

የከብት መኖ

mkpụrụ osisi

የፍሬ ዛፍ

osisi mkpụrụ osisi

የካሳቫ ዛፍ

akpu

እህል

nri ọka

እርሻ - ugbo

ቤት
ụlọ

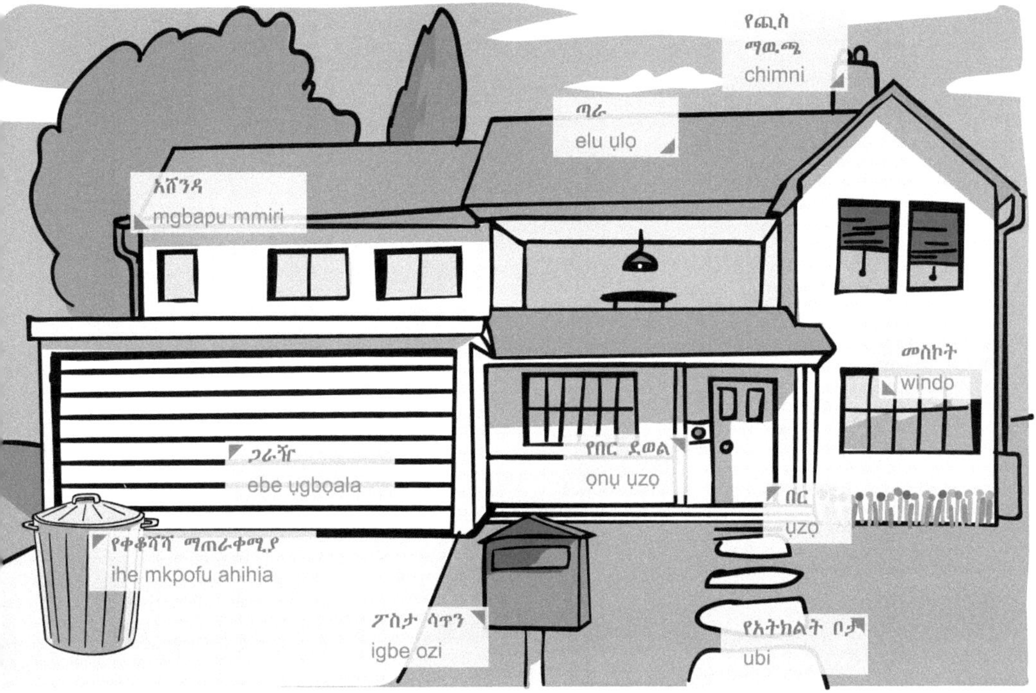

የጪስ ማውጫ / chimni

ጣራ / elu ụlọ

አሸንዳ / mgbapu mmiri

መስኮት / windo

ጋራዥ / ebe ụgbọala

የበር ደወል / ọnụ ụzọ

በር / ụzọ

የቀቆሻሻ ማጠራቀሚያ / ihe mkpofu ahihia

ፖስታ ሳጥን / igbe ozi

የአትክልት ቦታ / ubi

ሳሎን
ime ụlọ ezumike

መታጠቢያ ቤት
ụlọ ịsa ahụ

ማድቤት
usekwu

መኝታ ቤት
ime ụlọ

የልጅ ክፍል
ụlọ nwa

መመገቢያ ክፍል
ime ụlọ erimeri

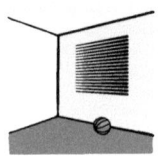	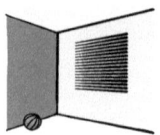	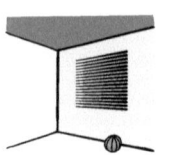
ወለል ala	ግድግዳ mgbidi	ጣሪያ uko ụlọ
		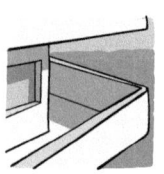
ምድር ቤት okpuru ụlọ	በእንፉሎት ሙቀት መታጠቢያ ቤት sawụna	ሰገነት ihu mbara
	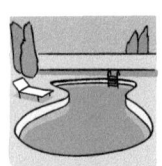	
ፍ ያለ መደብ mbara ihu ulo	የመዋኛ ገንዳ ọdọ mmiri	የማጨጃ መኪና igwe eji asụ ahịhịa
		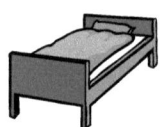
አንሶላ mpempe akwụkwọ	የአልጋ ልብስ ihe ndina akwa	አልጋ akwa ndina

መጥረጊያ aziza	ባልዲ bọket	ማብሪያና ማጥፊያ mgba ọkụ

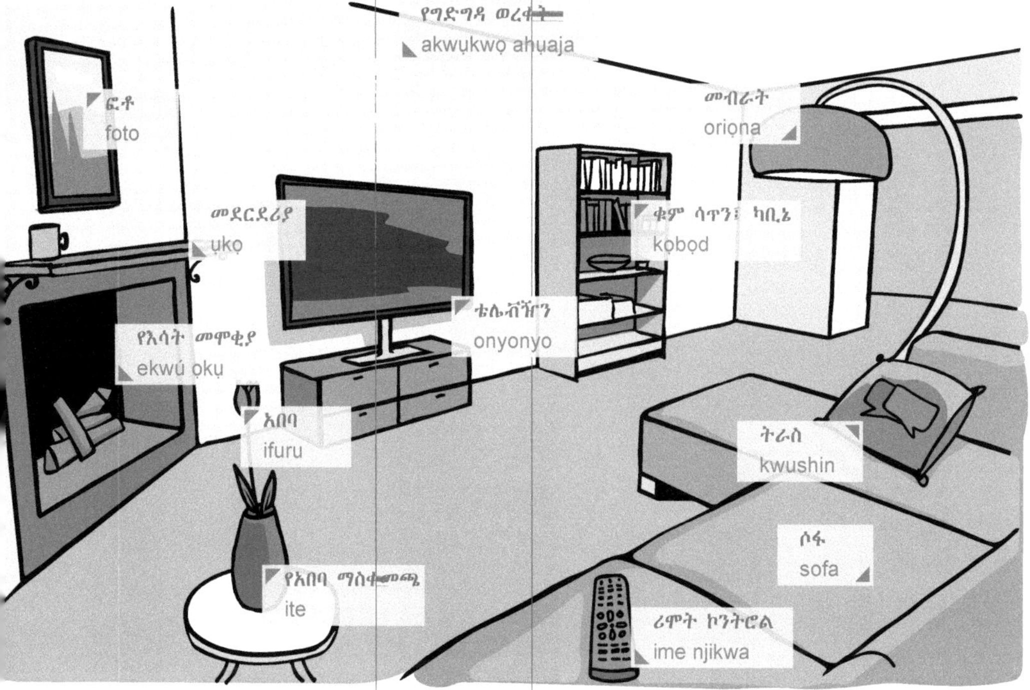

ሳሎን
ime ụlọ ezumike

- የግድግዳ ወረቀት / akwụkwọ ahụaja
- ፎቶ / foto
- መብራት / oriọna
- መደርደሪያ / ụkọ
- ቁም ሳጥን፣ ካቢኔ / kobọd
- የእሳት መሞቂያ / ekwú ọkụ
- ቴሌቪዥን / onyonyo
- አበባ / ifuru
- ትራስ / kwushin
- ሶፋ / sofa
- የአበባ ማስቀመጫ / ite
- ሪሞት ኮንትሮል / ime njikwa

ንጣፍ
kapeeti

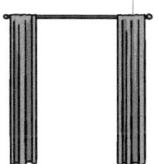

መጋረጃ
ákwà mgbochi

ጠረጴዛ
tebụl

ወንበር
oche

ተወዛዋዥ ወንበር
mkpatụ oche

ባለመደገፊያ ወንበር
oche

መጽሐፍ
akwụkwọ

ብርድ ልብስ
akwa mkpuchi

ጌጥ
ihe ochicho mma

ማገዶ
nkụ

ፊልም
ihe nkiri

የሙዚቃ መማሪያወቻ
ngwa hi-fi

ቁልፍ
igodo

ጋዜጣ
akwụkwọ akụkọ

ስዕል
eserese

የተለጠፈ ማስታወቂያ እንደ ስዕል
posta

ራዲዮ
redio

ማስታወሻ ደብተር
akwụkwọ ozi

የአየር ማዕጀ ለምንጣፍ
igwe nhicha ala

ቁልቁል
kaktus

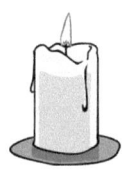

ሻማ
kandụl

ሳሎን - ime ụlọ ezumike

ማድቤት
usekwu

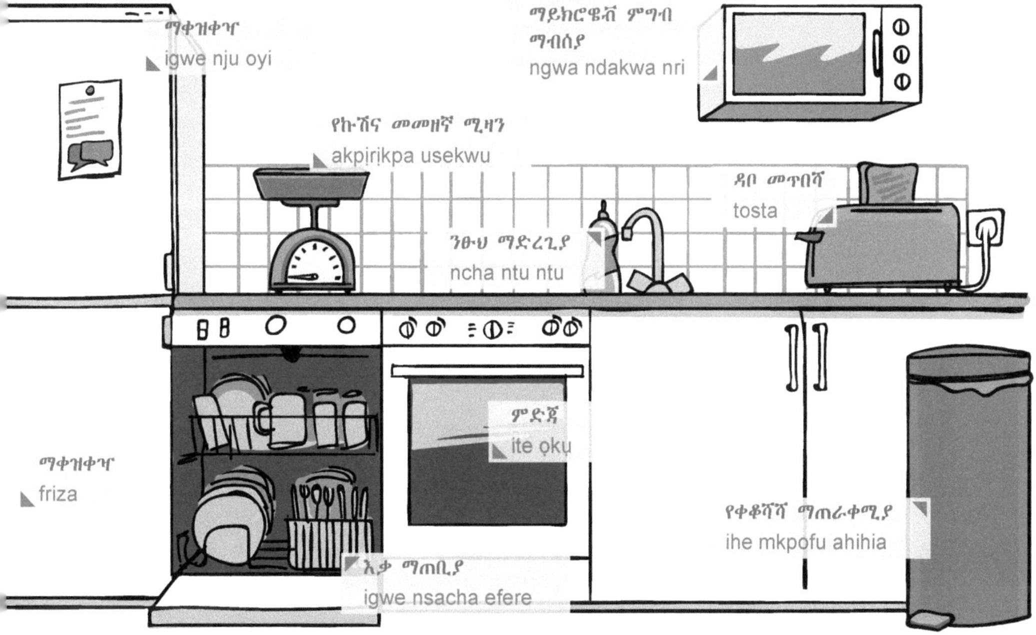

- ማቀዝቀዣ — igwe nju oyi
- ማይክሮዌቭ ምግብ ማብሰያ — ngwa ndakwa nri
- የኩሽና መመዘኛ ሚዛን — akpirikpa usekwu
- ዳቦ መጥበሻ — tosta
- ንጥህ ማድረጊያ — ncha ntu ntu
- ማቀዝቀዣ — friza
- ምድጃ — ite oku
- የቆቆሻሻ ማጠራቀሚያ — ihe mkpofu ahihia
- እቃ ማጠቢያ — igwe nsacha efere

ምግብ አብሳይ	ማሰሮ	የብረት ማሰሮ
osi ite	ite	ite-igwe

ምግብ ማብሰያ ዝርግ ድስት	የምግብ መጥበሻ	ማንቆርቆሪያ
wok / kadai	ite mmanụ ọkụ	ketulu

የእንፋሎት ማብሰያ

uzoku

የመጋገሪያ ትሪ

efere nri

ሰብስቦች

ite mmiri

ትልቅ ኩባያ

iko

ጎድንዳ ሳህን

nnukwu efere

ቾፕስቲክስ

osisi

ጭልፋ

ngazi

መሰቅሰቂያ ዝርግ ማንኪያ

ngazi mmanụ ọkụ

ማደባለቂያ

ntụgharị

መወጠሪያ

nje

ወንፊት

nyọ

መፈርፈሪያ መሳሪያ

nkwọ

ሲሚንቶ

ikwe

የፍም ጥብስ

anụ mmịkpọ

የተለቀቀ እሳት

imeghe oku

ማድቤት - usekwu

መክተፊያ
boodu ncha ihe

ተንሸራታች መርፌ
osisi mgbati

የጠርሙስ መክፈቻ
ihe mmeghe mmanya

ጣሳ
komkom

የጣሳ መክፈቻ
ihe mmeghe komkom

የማሰሮ መሸፈኛ
ite njide

ሳህን ማጠቢያ
efere nsacha

ብሩሽ
ihe nsa eze

ስፖንጅ
ogbo

መደባለቂያ መሳሪያ
nkwori

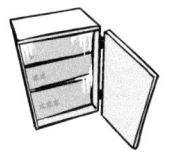

በጣም ማቀዝቀዣ
friza

ጡጦ
karama nwa

ቧንቧ
mkpopu mmiri

ማድቤት - usekwu

መታጠቢያ ቤት
ụlọ ịsa ahụ

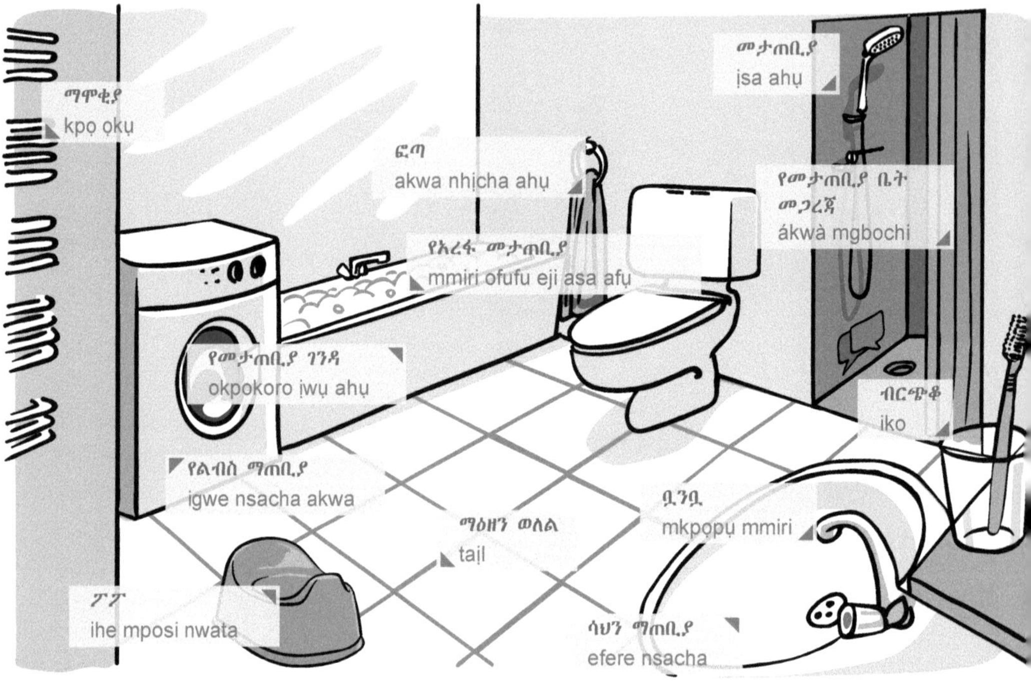

- መታጠቢያ ịsa ahụ
- ማሞቂያ kpọ okụ
- ፎጣ akwa nhịcha ahụ
- የመታጠቢያ ቤት መጋረጃ ákwà mgbochi
- የአረፋ መታጠቢያ mmiri ofufu eji asa afụ
- የመታጠቢያ ገንዳ okpokoro iwụ ahụ
- ብርጭቆ iko
- የልብስ ማጠቢያ igwe nsacha akwa
- ማዕዘን ወለል tail
- ቧንቧ mkpọpụ mmiri
- ፖፖ ihe mposi nwata
- ሳህን ማጠቢያ efere nsacha

ሽንት ቤት ụlọ mposi	የሽንት ቤት መቀመጫ mposi squat	ሳፋ basin eji asa ebe nzuzo ahụ
የመንገድ ዳር መሽኛ ebe inyu mmamịrị oha	የሽንት ቤት ወረቀት akwụkwọ mposi	የሽንት ቤት ማፅጃ ብሩሽ ahihia ụlọ mposi

የጥርስ ብሩሽ

brọsh

የጥርስ ሳሙና

ihe nhicha eze

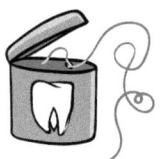

የጥርስ ማፅጃ ክር

nhicha eze

መታጠብ

saa

የእጅ መታጠቢያ

ịsa aka

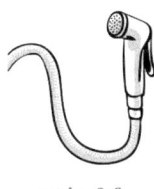

መታጠቢያ

isa mmiri showa

ጎድጓዳ ሳህን

nnukwu efere nsacha

የጆርባ ብሩሽ

agba ahịhịa eji ete penti

ሳሙና

ncha

የመታጠቢያ የሚግዝለገለግ ሳሙና

ncha mmiri nsa ahu

የፀጉር መታጠቢያ ሳሙና

ncha ntutu

ለስላሳ ጨርቅ

uwe ajiajuru

ፍሳሽ

mgbapu mmiri

ክሬም

ude

ጠረን መቀየሪያ ንጥረ ነገር

senti

መታጠቢያ ቤት - ụlọ ịsa ahụ

መስታወት
enyo

የእጅ መስታወት
enyo aka

ምላጭ
rezo

የመላጫ አረፋ
ụfụfụ ịkpụ afụ

ከመላጨት በኋላ የሚቀባ ሽቱ
mgbe emechara aji

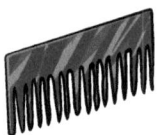
ማበጠሪያ
mbo

ብሩሽ
ahịhịa

የፀጉር ማድረቂያ
okponku ntutu

በፀጉር ላይ የሚነፉ
Ihe mmiri ana agba na isi

የፊት መቀባቢያ
ntecha

የከንፈር ቀለም
mmanụ ọnụ

የጥፍር ቀለም
ntecha mbọ aka

የጥጥ ሱፍ
owu

ጥፍር መቁረጫ
mkpa mbọ aka

ሽቶ
senti

መታጠቢያ ቤት - ụlọ ịsa ahụ

ማጠቢያ ባልዲ
akpa uwe

መቀመጫ
oche

ሚዛን
erikpu

የመታጠቢያ ልብስ
akwa towelu

የላስቲክ ጓንት
gloovu roba

ሞዴስ
ihe mkpuchi obara ogbugbua

የዕዳት ፎጣ
ihe mkpuchi nso nwanyi

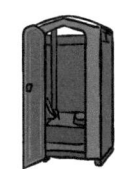
የሽንት ቤት ኬሚካል
ụlọ mposi

መታጠቢያ ቤት - ụlọ ịsa ahụ

የልጅ ክፍል
ụlọ nwa

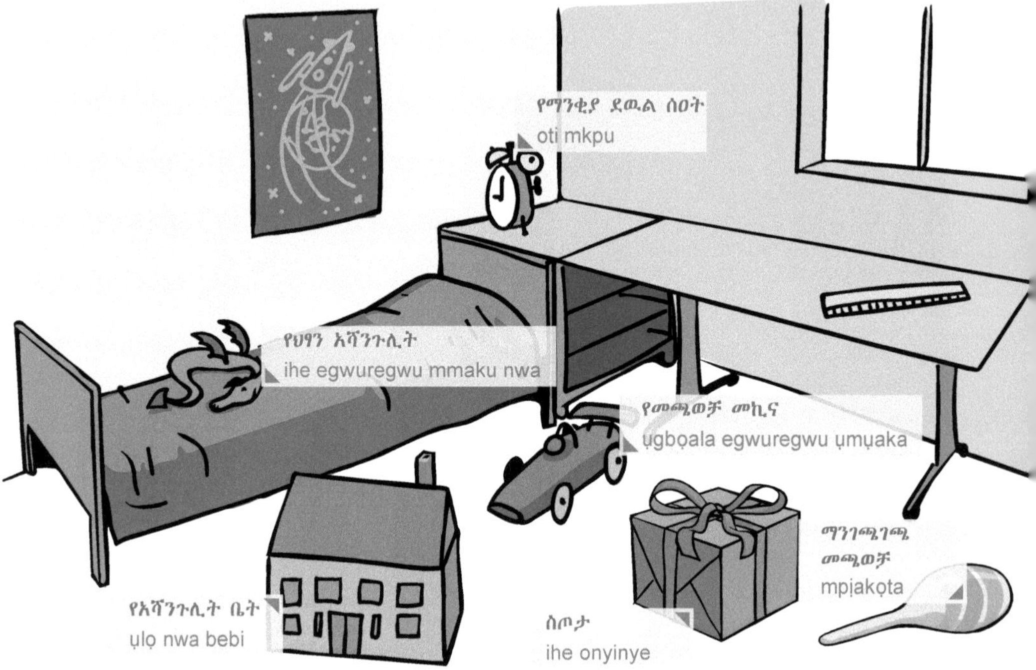

የማንቂያ ደዉል ሰዓት
oti mkpu

ይህን አሻንጉሊት
ihe egwuregwu mmaku nwa

የመጫወቻ መኪና
ụgbọala egwuregwu ụmụaka

የአሻንጉሊት ቤት
ụlọ nwa bebi

ማንገጫገጫ መጫወቻ
mpịakọta

ስጦታ
ihe onyinye

ፊኛ

balun

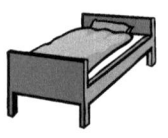

አልጋ

akwa ndina

የህፃን ማንሻራሸሪያ ጋሪ

ihe obu nwa

የካርታ መጫወቻ

oche kaadị

ቁርጥራጭ ምስሎችን የማገጣጠም
እና ምስል የማግኘት ጨዋታ

egwuregwu mgbagwoju anya

አዝናኝ

na-atọ ọchị

የልጅ ክፍል - ụlọ nwa

ተገጣጣሚ መጫወቻ
lego brik

የመጫወቻ መገጣጠሚያዎች
ihe owuwu ụlọ

የድርጊት ምስል
ihe ngosi ọgụ

የህፃን እድገት
utonwa

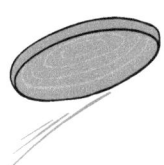
የፕላስቲክ መጫወቻ ዝርግ ሰህን
ihe egwuregwu diski na efe efe

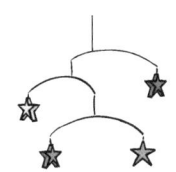
ተወዛዋዥ የህፃን ማጫወቻ
mbughari

የሰሌዳ ጨዋታ
bọọdụ egwuregwu

የመጫወቻ ጠጠር
dais

የመጫወቻ ባቡር
nlereanya ụgbọ okporo ígwè

የእንጀራ እናት ጡጦ
ihe oyiri mmadu eji egosi akwa

ድግስ
otu

የስዕል መፅሀፍ
akwụkwọ foto

ኳስ
bọọlụ

አሻንጉሊት
nwa bebi

መጫወት
kpọọ

የልጅ ክፍል - ụlọ nwa

የአሸዋ መጫወቻ
olulu aja

ችዋችዋዊ
janglova

መጫወቻዎች
ihe egwuregwu gasi

የቪዲዮ መጫወቻ
ihe egwuregwu vidiyo

ባለ ሶስት ጎማ ብስክሌት
ogbatumtum

የአሻንጉሊት ድብ
ihe egwuregwu ụmụaka

ቁምሳጥን
wodrobu

አልባሳት
uwe

ካልሲዎች
sọks

ስቶኪንጎች
sọks

ታይት
uwe ime ahu

 ሰዉነት ahụ	 ሱሪዎች trauza	 ጅንስ trauza siri ike
 ጉርድ ቀሚስ sket	 ሽሚዝ uwe elu nwanyị	 ሽሚዝ uwe elu
 የሚጠለቅ ሹራብ akwa njuoyi eji isi eyi	 ሹራብ uwe njuoyi	 ዩኒፎርም ጃኬት jakeeti
 ጃኬት jakeeti	 ኮት ochu oyi uwe elu	 የዝናብ ኮት akwa mmiri
 ልብስ ekike	 ቀሚስ uwe ogologo	 የሙሽራ ቀሚስ uwe agbamakwụkwọ

ሱፍ
uwe suutu

የለሊት ልብስ
uwe abalị

የለሊት ልብስ
pajamas

ረጅም ቀሚስ
uwe umunwanyi Indian

ሂጃብ
mkpuchi isi

ጥምጣም
okpu

ቡርቃ
akwa mkpuchi ihu

ሸርጥ
uwe ogologo nwanyi

አባያ
abaya

የዋና ልብስ
akwa mmiri

አጭር ቁምጣ
uwe eji egwu mmiri

ቁምጣዎች
nịika

የስራ ቱታ
uwe mmega ahụ

ሸርጥ
uwe nchekwa

ጓንት
uwe aka

አልባሳት - uwe

ቁልፍ
boṭinụ

መነፅር
ugegbe anya

አምባር
mgbaaka

የአንገት ሀብል
eriri olu

ቀለበት
mgbanaka

የጆሮ ጌጥ
ola nti

ኮፍያ
okpu

የኮት መስቀያ
ihe nkowe uwe elu

ኮፍያ
okpu

ክረባት
tai

ዚፕ
nzichi

የብረት ቆብ
okpu agha

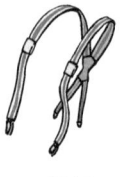

መደገፊያ
ihe njide eze

የትምህርት ቤት የደንብ ልብስ
uwe ụlọ akwụkwọ

የደንብ ልብስ
mbonotu

አልባሳት - uwe

መሃረብ

ọghọ nri nwa

የእንጀራ እናት ጡጦ

ihe oyiri mmadu eji egosi akwa

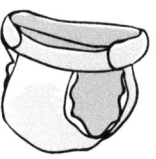

ሽንት ጨርቅ

akwa nwanye nwa

ቢሮ
ụlọ ọrụ

የፋይል መደርደሪያ ካቢኔ
ịgba akwụkwọ kabinet

ማስራጫ ጣቢያ
sava

ወረቀት
akwukwo

የህትመት መሳሪያ
ngwa nbipute

መቆጣጠሪያ
nyochaa

መዓፊያ ጠረጴዛ
tebụl

ማዉዝ
mousu

ማህደር
ihe nchekwa akwukwo

የመዓፊ ቁልፎች
kiiboodu

የቆሻሻ ወረቀት መጣያ ቅርጫት
nkata-ahihia

ኮምፒዉተር
kọmputa

ወንበር
oche

የቡና መጠጫ ትልቅ ኩባያ

iko kọfị

ማስሊያ ማሽን

igwe mgbakọ

ኢንተርኔት

ịntaneti

ላፕቶፕ
laptoọpụ

ደብዳቤ
leta

መልዕክት
ozi

ተንቀሳቃሽ ስልክ
mkpanaka

የግንኙነት አዉታር
netwọk

ማባዢ ማሽን
ihe mbiputa

ሶፍትዌር
ngwanrọ

ስልክ
ekwentị

የግድግዳ ሶኬት
ebe nkwụnye

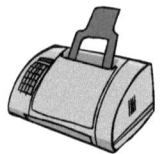
የፋክስ ማሽን
igwe fax

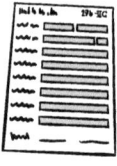
ቅፅ
ụdị

ሰነድ
akwụkwọ

ኢኮኖሚ
akụnụba

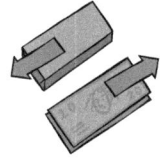

መግዛት
zụta

መክፈል
kwuo ugwo

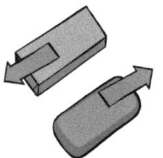

መነገድ
ahia

ገንዘብ
ego

ዶላር
ego ndi Amerika

ዩሮ
ego ndi Eruopu

የን
ego ndi japanizi

ሩብል
ego ndi Rusian

የስዊዝ ፍራንክ
Switzerland franc

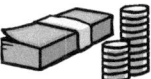

ሬንሚንቢ ዮዋን
renminbi yuan

ሩጺ
ego ndi Indian

የገንዘብ ነጥብ
ebe akwụmụgwọ

ኢኮኖሚ - akụnụba

የዉጭ ገንዘብ ምንዛሪ ቢሮ
ebe mgbanwe ego

ወርቅ
ọla edo

ብር
ọlaọcha

ዘይት
mmanụ

ሀይል፤ ጉልበት
ume

ዋጋ
ọnụahịa

ግንኙነት
nkwekọrịta

ቀረጥ
ụtụ

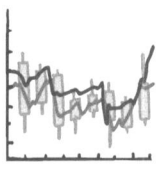

አክስዮን
ngwaahịa

መስራት
ọrụ

ተቀጣሪ
onye ọrụ

ቀጣሪ
onye were gi n'ọrụ

ፋብሪካ
ụlọ ọrụ mmeputa ngwahịa

ሱቅ
ụlọ ahịa

የስራ መያዎች
aka ọrụ

የፖሊስ አዛዥ
onye uwe ojii

የእሳት አደጋ ሰራተኛ
onye mmenyu oku

ምግብ አብሳይ
esi nri

ዶክተር
dibia bekee

አብራሪ
ọkwọ ụgbọelu

አትክልተኛ
onye na-elekọta ubi

እናጢ
ọkwa nkà

ልብስ ሰፊ ሴት
akwa nwanyị

ዳኛ
ọka ikpe

ቀማሚ
kemist

ተዋናይ
onye ome ihe nkiri

የአዉቶቢስ ሹፌር
ọkwọ ụgbọ ala

የታክሲ ሹፌር
ọkwọ ụgbọ ala

አሳ አጥማጅ
onye ọkụ azụ

ፅዳት ሰራተኛ
nwanyị nhicha

የጣራ ሰራተኛ
roofer

አስተናጋጅ
onye na-ebu nri

አዳኝ
dinta

ሰዓሊ
onye na-ese ihe

ጋጋሪ
onye osi ite

የኤሌትሪክ ሰራተኛ
onye ndozi ọkụ eletrik

ገምቢ
onye na-ewu ụlọ

መሃንዲስ
njinia

ልኳንዳ
onye na-egbu anụ

የቧንቧ ሰራተኛ
plọmba

የፖስታ ሰራተኛ
onye ozi

ወታደር
onye agha

መሃንዲስ
onye na-ese ụkpụrụ ụlọ

የሒሳብ ሰራተኛ
onye okwu ugwo

አበባ ሻጭ
ore fulawa

የፀጉር ሰራተኛ
onye na-edozi ntutu isi

ቲኬት ቆራጭ
kondokto

መካኒክ
onye n'aruzi ụgbọala

ካፒቴን
onyeisi

የጥርስ ሐኪም
dibia bekee eze

ተመራማሪ
ọkà mmụta sayensị

መምህር
rabaị

የሙስሊም ሃይማኖታዊ መሪ
imam

መነኩሴ
mọnk

ካህን
ụkọchukwu

የስራ ሙያዎች - aka ọrụ

መሳሪያዎች
ngwaọrụ

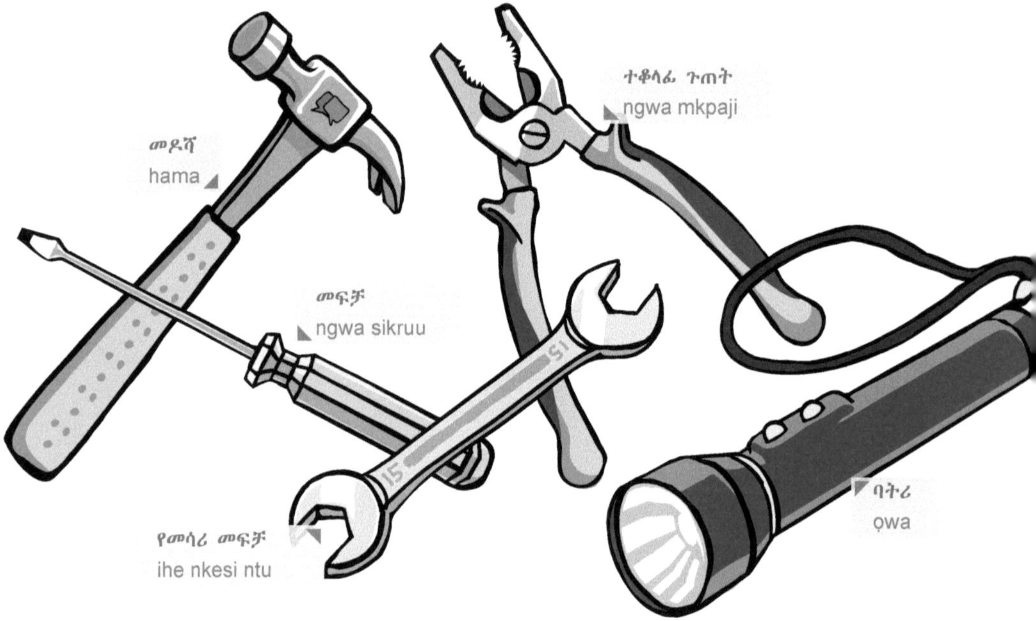

መዶሻ
hama

ተቆላፊ ጉጠት
ngwa mkpaji

መፍቻ
ngwa sikruu

የመሳሪ መፍቻ
ihe nkesi ntu

ባትሪ
ọwa

በቁፋሮ የሚዘቅ
igwu ala

የመፍቻ ሳጥን
igbe ngwaọrụ

መሰላል
ubube

መጋዝ
nkwọ

ምስማር
mbọ

መሰርሰሪያ
igwe mkpọpu

መጠገን
mezie

አካፋ
ihe eji egwu ala

ተረገመ!
Uchu!

ቆሻሻ ማፈሻ
efere ájá

ቀለም ቆርቆሮ
ite agba

ብሎን
ntu

የሙዚቃ መሳሪያዎች
ngwa egwu

ድምፅ ማጉያ መሳሪያ
nkwupụta ụda

ከበሮ መሳሪያዎች
ihe eji eme ihe

ክራር መሰል ሙዚቃ መሳሪያ
jita

ድርብ ቤዝ ጊታር
okpukpu abụọ

ትንፋሽ ሙዚቃ መሳሪያ
opi

ሙዚቃ መሳሪያዎች - ngwa egwu   57

ፒያኖ
kiibọọdụ

ቫዮሊን
violin

ወፍራም፣ ጎርናና ድምፅ ያለዉ ክራር መሰል ሙዚቃ መሳሪያ
bass

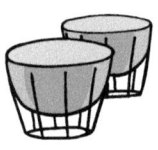
ነጋሪት
timpani

ከበሮ
igba

በኤሌክትሪክ የሚሰራ ፒያኖ
kiibọọdụ

የትንፋሽ ሙዚቃ መሳሪያ
sasofone

ዋሽንት
ọjà

የድምፅ ማጉያ
igwe okwu

የሙዚቃ መሳሪያዎች - ngwa egwu

የደር እንስሳት ማቆያ
zuu

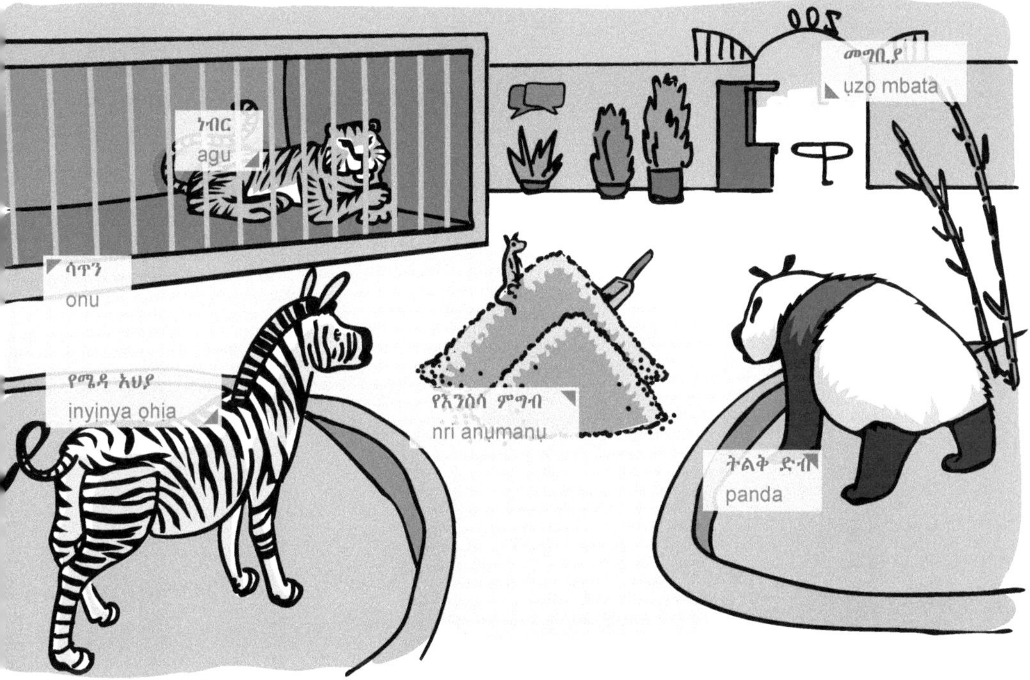

ነብር agu
ሳጥን onu
የሜዳ አህያ inyinya ohia
የእንሳ ምግብ nri anumanu
መግቢያ uzo mbata
ትልቅ ድብ panda

እንስሳቶች
anumanu

ዝሆን
enyi

ካንጋሮ
kangaruu

አዉራሪስ
rhino

ትልቅ ዝንጀሮ
ozodimgba

ድብ
anu ohia

ግመል

kamel

ሰጎን

enyí nnụnụ

አንበሳ

odụm

ጦጣ

enwe

ቅልጥም ረዣዥም ወፍ

flamingo

በቀቀን

icheku

የወዋልታ ድብ

anụ ọhịa

የዋልታ ወፎች

nnunu mmiri

ረጅም ጥርሶች ያሉትአሳ ነባሪ

akụm

ጣዎስ

ekwuru ụlọ

እባብ

agwo

አዞ

agụ iyi

የዱር አራዊት የሚጠበቁበት
ማቆያን የሚጠብቅ

onye na-elekọta zuu

አሳ በሊታ የባህር እንስሳ

mechie

የዱር ድመት

agu

ድንክ ፈረስ
inyinya

ነብር
agụ owuru

ጉማሬ
anụ ọhịa

ቀጭኔ
girraaf

ንስር
ugo

ከርከሮ
ezi ọhịa

አሳ
azụ

የባህር ኤሊ
mbe

የባህር አዉሬ
anụ mmiri

ቀበሮ
nkịta ọhịa

የሜዳ ፍየል ፤ ሚዳቋ
mgbada

የስፖርት አይነቶች
egwuregwu

መያዝ
nwee

ማድረግ
mee

መሆን
ịbụ

መቆም
guzoro

መሮጥ
gbaa ọsọ

መሳብ
dọọ

መወርወር
tufuo

መዉደቅ
daa

መዋሸት
ụgha

መጠበቅ
chere

መሸከም
buru

መቀመጥ
nọdụ ala

መልበስ
yi uwe

መተኛት
hie ụra

መንቃት
kulie

መመልከት
lee anya

ማለልቀስ
tie mkpu

መጫር
ọrịa strok

ማበጠር
mbo

ማዉራት
kwuo

መረዳት
ighọta

ጥያቄ
jụọ

ማዳመጥ
gee ntị

መጠጣት
ihe ọnụnụ

መብላት
rie

ማንጻት
dozie

ማፍቀር
ịhụnanya

ምግብ ማብሰል
isi nri

መንዳት
kwọọ

መብረር
ofufe

መርከብ መንዳት	ቁጥሮችን ማስላት	ማንበብ
ụgbọ	gbakọọ	gụọ
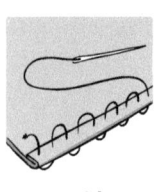		
መማር	መስራት	ማግባት
na-amụta	ọrụ	lụọ
	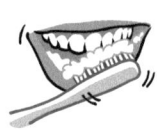	
መስፋት	ጥርስ መቦረሽ	መግደል
idu	ahịhịa ezé	gbue
	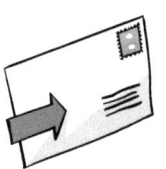	
ማጨስ	መላክ	
anwụrụ ọkụ	zipu	

ቤተሰብ
ezinụlọ

የሴት አያት / nne nne
የወንድ አያት / nna nna
አባት / nna
እናት / nne
ህፃን / nwa
ሴት ልጅ / nwa nwanyị
ወንድ ልጅ / nwa nwoke

እንግዳ

ọbịa

አክስት

nwanne nne/nna

አጎት

nwanne nna/nne

ወንድም

nwanne

እህት

nwanne

አካል
ahụ

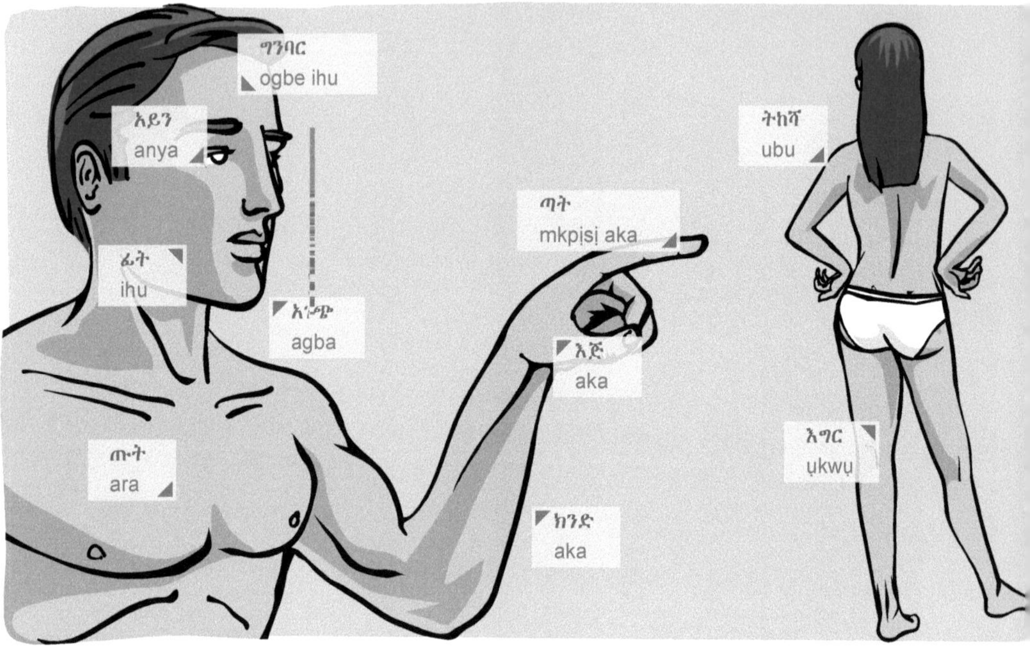

ግንባር ogbe ihu
አይን anya
ፊት ihu
አጎቦ agba
ጡት ara
ጣት mkpịsị aka
እጅ aka
ክንድ aka
ትከሻ ubu
እግር ụkwụ

ህፃን
nwa

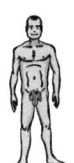
ሰዉ
nwoke

ሴት
nwanyị

ልጃገረድ
nwa nwanyị

ወንድ ልጅ
nwa nwoke

ራስ
isi

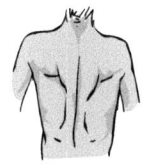

ጀርባ
azu

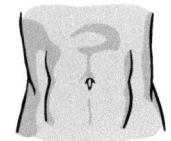

ሆድ
afọ

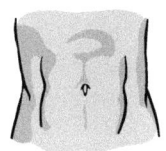

እምብርት
otubo

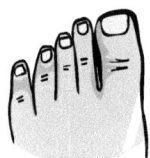

የእግር ጣት
mkpisi ukwu

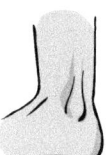

ተረከዝ
ikiri ụkwụ

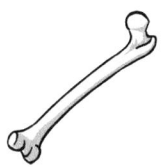

አጥንት
ọkpụkpụ

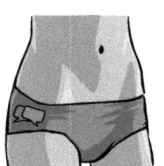

ዳሌ
ukwu

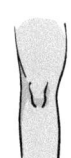

ጉልበት
ikpere

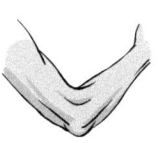

ክርን
ikpere aka

አፍንጫ
imi

ቂጥ
ike

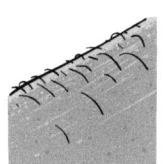

ቋዳ
akpụ kpọ ahụ

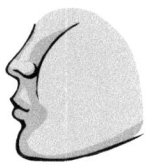

ጉንጭ
nti

ጆሮ
ntị

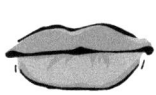

ከንፈር
egbugbere ọnụ

አካል - ahụ

አፍ
onu

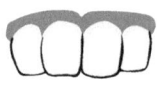

ጥርስ
eze

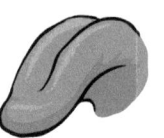

ምላስ
ire

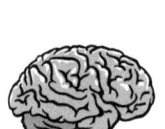

አንጎል
ubụrụ

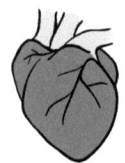

ልብ
mkpụrụ obi

ጡንቻ
akwara

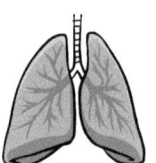

ሳምባ
akpa ume

ጉበት
umeji

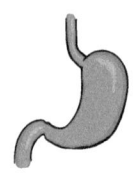

ሆድ
afọ

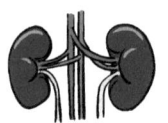

ኩላሊቶች
akụrụ

የግብረስጋ ግንኙነት
mmekọahụ

ኮንዶም
kondom

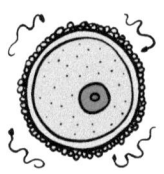

የሴት እንቁላል
akwa nwanyị

የዘር ፈሳሽ
ọbara ọcha

እርግዝና
afọ ime

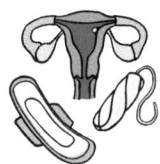

የወር አበባ

nsọ nwanyị

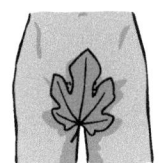

እምስ

ọtụ

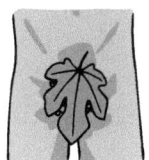

ቂላ

amụ

ቅንድብ

nku anya

ጠጉር

ntutu

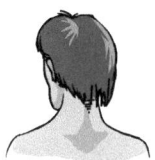

አንገት

olu

ሆስፒታል
ụlọ ọgwụ

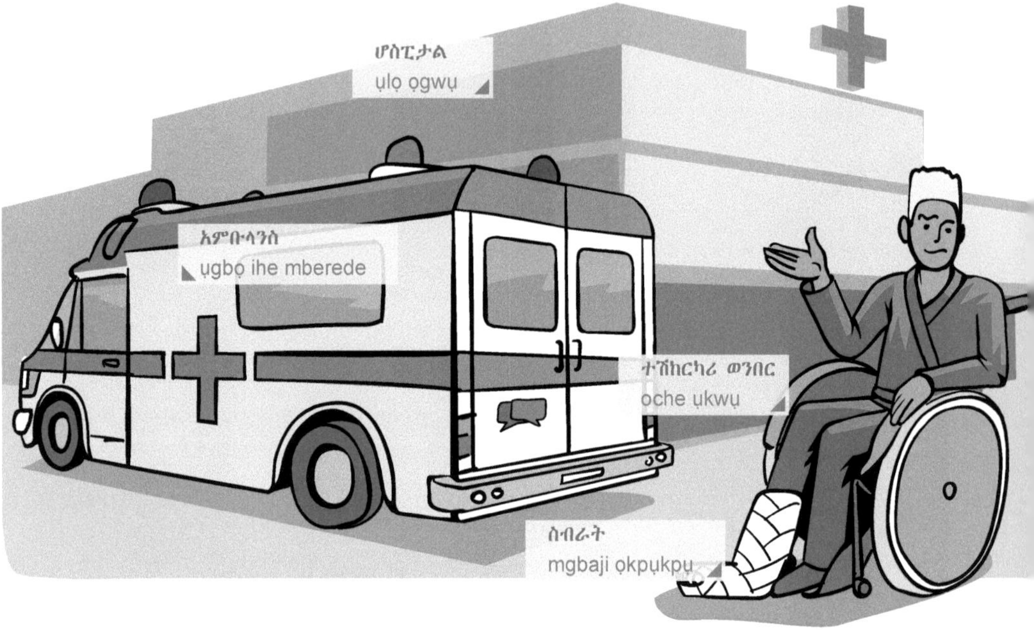

ሆስፒታል / ụlọ ọgwụ

አምቡላንስ / ugbo ihe mberede

ተሽከርካሪ ወንበር / oche ụkwụ

ስብራት / mgbaji ọkpụkpụ

ዶክተር
dibia bekee

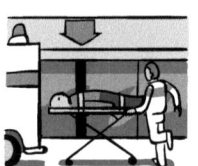

ድንገተኛ ክፍል
ụlọ mberede

ነርስ
nọọsụ

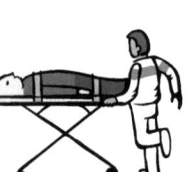

ድንገተኛ
mberede

ራስን መሳት / አለማወቅ
amaghị ihe ọ bụla

ህመም
ụfụ

ሆስፒታል - ụlọ ọgwụ

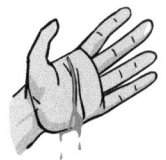
ጉዳት
mmerụ ahụ

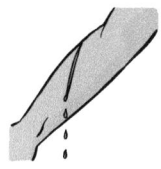
መድማት
agba ọbara

የልብ ድካም
obi nkolopu

ስትሮክ
ọrịa strok

አለርጂ
nke ahu anataghi

ሳል
ụkwara

ትኩሳት
ahụ ọkụ

ኢንፍሎዌንዛ
ọrịa flu

ተቅማጥ
afọ ọsịsa

የራስ ምታት
isi ọwụwa

ካንሰር
kansa

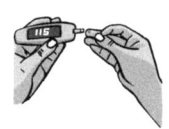
የስኳር በሽታ
ọrịa shuga

ቀዶ ጠጋኝ ሐኪም
dọkịta na-awa ahu

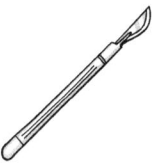
የቀዶ ጥገና ስለት
mma eji awa ahụ

ቀዶ ጥገና
iwa ahụ

ሆስፒታል - ụlọ ọgwụ

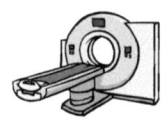
ሲቲ
CT

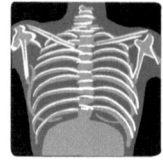
ኤክስሬዮ
x-ree

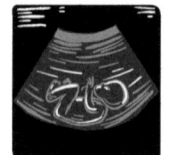
አልትራሳዉንድ
nyocha ime ahu

የፌት ጭምብል
nkpuchi ihu

በሽታ
ọria

መጠበቂያ ክፍል
ebe nchekwa

ምርኩዝ
mkpara

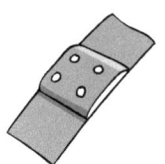
የቁስል ማሸጊያ
nnyachi

ፋሻ
bandeeji

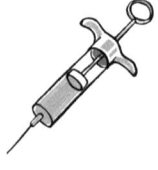
መርፌ
ọgwụ ọgbụgba

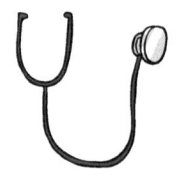
የልብ ምት ማዳመጫ መሳሪያ
stetoskop

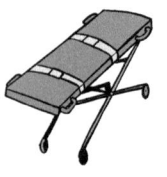
የበሽተኛ አልጋ
Igwe eji ibu mmadu

የሀክምና ሙቀት መለኪያ መሳሪያ
temometa ụlọgwụ

መውለድ
omumu

ክልክ ያለፈ ክብደት
ibufe oke ibu

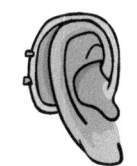

ለመስማት የሚረዳ መሳሪያ

enyemaka ịnụ ihe

ፀረ ተባይ መድሀኒት

mmiri ọgwụ nje

ማመርቀዝ

ọria nje

ቫይረስ

nje

ኤች አይቪ ኤድስ

Ọria HIV/AIDS

ህክምና

ogwu

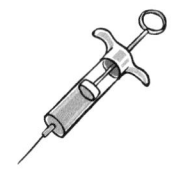

ክትባት

ịgba ọgwụ mgbochi ọria

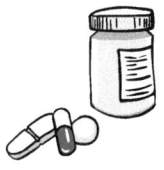

ኪኒን

mkpụrụ ọgwụ

ኪኒን

mkpụrụ ọgwụ

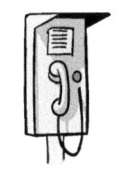

አስቸኳይ የስልክ ጥሪ

oku mberede

ደም ግፈት መቆጣጠሪያ

nyochaa ọbara mgbali

ህመም/ ጤንነት

na-arịa ọrịa / ahụike

ድንገተኛ
mberede

እርዳታ!
Nyerem aka!

ማንቂያ ደዋል
oti mkpu

ጥቃት
wakpo

ድብደባ
ọgụ

አደጋ
ihe egwu

የድንገተኛ መዉጫ
ụzọ ọpụpụ mberede

እሳት!
Ọkụ!

እሳት ማጥፊያ
mmenyu ọkụ

አደጋ
ọghọm

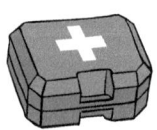

የመጀመሪያ እርዳታ መድሃኒት
መያዣ
akpa enyemaka mbụ

ነፍስ አድን
SOS

ፖሊስ
ndị uwe ojii

ምድር
Ụwa

አዉሮፓ
Europe

ሰሜን አሜሪካ
North Amerika

ደቡብ አሜሪካ
South Amerika

አፍሪካ
Africa

እስያ
Eshia

አዉስትራሊያ
Ọstrelia

አትላንቲክ
Atlantic

ፓስፊክ
Pasifik

የህንድ ዉቅያኖስ
Oke Osimiri Indian

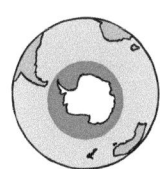
አንታርክቲክ ዉቅያኖስ
Oke Osimiri Antarctic

አርክቲክ ዉቅያኖስ
Oke Osimiri Arctic

ሰሜን ዋልታ
Ebe Ugwu

ደቡብ ዋልታ
Ebe Ọdịda anyanwu

አንታርክቲካ
Antarctica

ምድር
Ụwa

መሬት
ala

ባህር
oké osimiri

ደሴት
agwaetiti

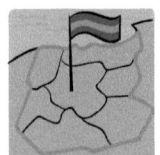

አገርና ህዝብ
mba

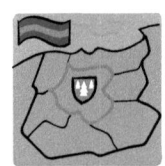

መንግስት
steeti

ሰዓት
elekere

የሰዓት ገፅታ

ihu elekere

ሰዓት

aka awa

ደቂቃ

aka nkeji

ሴኮንድ

ihe ejigoro

ስንት ሰዓት ነው?

Kedu ihe na-akụ?

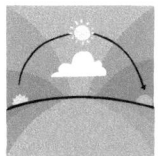

ቀን

ụbọchị

ጊዜ

oge

አሁን

ugbu a

የቁጥር ሰዓት

elekere dijitalụ

ደቂቃ

nkeji

ሰዓታት

awa

ሳምንት
izu

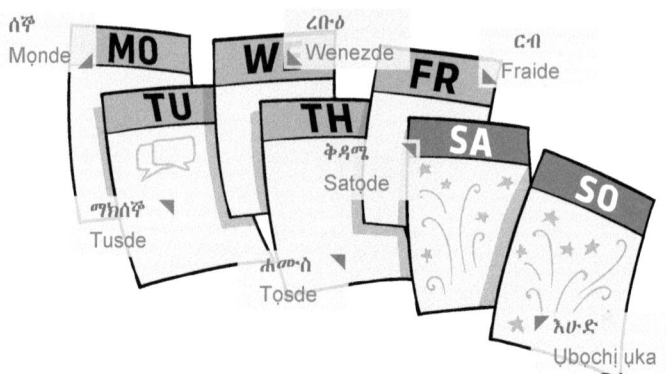

ትላንት
ụnyaahụ

ዛሬ
taa

ነገ
echi

ማለዳ
ututu

ቀትር
ehihie

ምሽት
mgbede

የስራ ቀናት
ụbọchị azụmahịa

የዕረፍት ቀናት
izu ụka

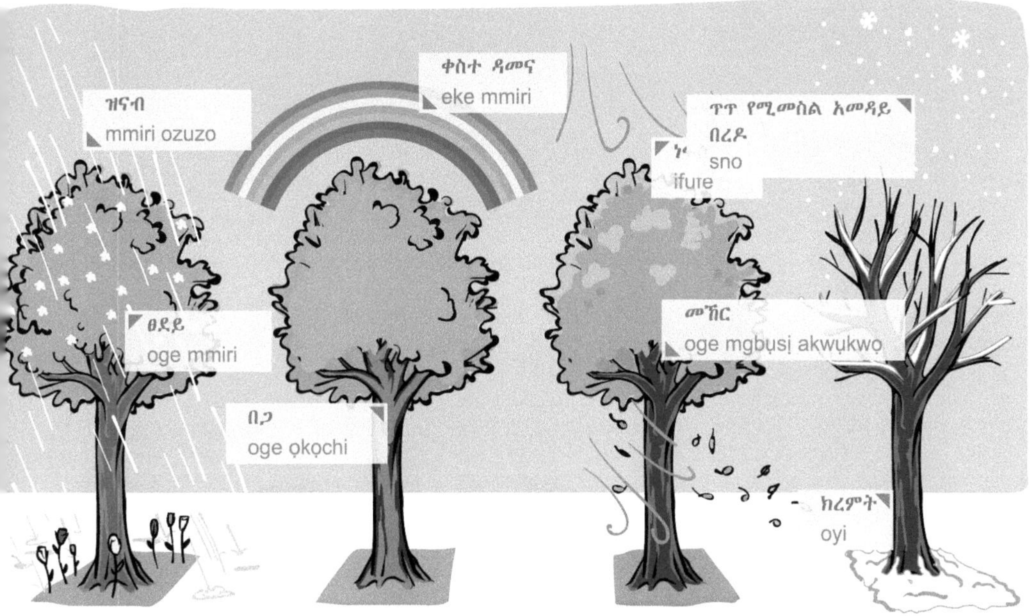

ዓመት
afọ

ዝናብ
mmiri ozuzo

ቀስተ ዳመና
eke mmiri

ጥጥ የሚመስል አመዳይ
sno ifure

ዐደይ
oge mmiri

መኸር
oge mgbụsị akwụkwọ

በጋ
oge ọkọchi

ክረምት
oyi

የአየር ሁኔታ ትንበያ
amụma ihu igwe

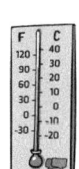

የሙቀት መለኪያ
temometa

የፀሀይ ሙቀት
anwụ

ደመና
igwe ojii

ጭጋግ
foogu

እርጥበታማነት
iru mmiri

ዓመት - afọ

መብረቅ
àmụmà

ነጎድጓድ
égbè eluigwe

አዉሎ ንፋስ
oké mmiri ozuzo

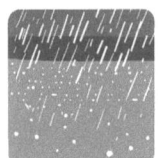
የበረዶ ዝናብ
aki mmiri

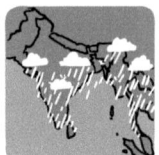
አዉሎ ንፋስ
udu mmiri

ጎርፍ
ide mmiri

በረዶ
aiz

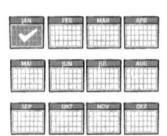
ጥር
Jenụwarị

የካቲት
Febụwarị

መጋቢት
Machị

ሚያዚያ
Eprel

ግንቦት
Mee

ሰኔ
June

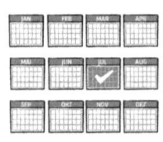
ሐምሌ
Julaị

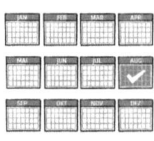
ነሐሴ
Ọgọst

ዓመት - afọ

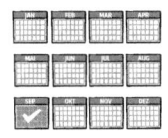
መስከረም
Septemba

ጥቅምት
Oktọba

ህዳር
Nọvemba

ታህሳስ
Disemba

ቅርፆች
ụdị

ክብ
okirikiri

አራት ማዕዘን
akuku anọ

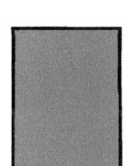
አራት ቀጥተኛ ማዕዘኖች ጎኖች ያሉት ቅርፅ
rektangulu

ሶስት ማዕዘን
akuku atọ

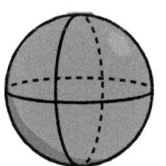
ሉል
okirikiri

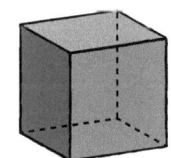
ስድስት ጎን ያለዉ ቅርፅ
igbe

ቀለማት
na agba

ነጭ
acha ọcha

ቢጫ
acha edo edo

ብርቱካናማ
acha oroma

ሮዝ
acha pink

ቀይ
acha uhie uhie

ወይን ጠጅ
acha odo odo

ሰማያዊ
acha anụnụ anụnụ

አረንጓዴ
acha akwụkwọ ndụ

ቡኒ
acha aja aja

ግራጫ
acha isi awọ

ጥቁር
eji oji

ተቃራኒዎች
mmegide

ብዙ/ ጥቂት
otutu / ntakịrị

ንዴት/ እርጋታ
iwe / juụ

ቆንጆ/ አስቀያሚ
mara mma / jọrọ njọ

ጅማሬ/ ፍፃሜ
mbido / njedebe

ትልቅ/ ትንሽ
nnukwu / obere

ደማቅ/ ደብዛዛ
na-enwu / ọchịchịrị

ወንድም/ እህት
nwanne nwoke / nwanne nwanyị

ንፁህ/ ቆሻሻ
dị ọcha / unyi

የተሟላ/ ያልተሟላ
mezue / ezughi ezu

ቀን/ ምሽት
ụbọchị / abalị

የሞተ/ ህያዉ
nwụrụ anwụ / dị ndụ

ሰፊ/ ጠባብ
obosara / warara

የሚበላ/ የማይበላ
oriri / erighi

ክፉ/ ደግ
ojoo / obioma

ደስተኛ/ ድብርተኛ
obi ụtọ / nkịtị gwụrụ

ወፍራም/ ቀጭን
abụba / mkpa

መጀመርያ/ መጨረሻ
mbụ / ikpeazụ

ጓደኛ/ ጠላት
enyị / iro

ሙሉ/ ጎዶሎ
juru eju / efu

ጠንካራ/ ለስላሳ
ike / adụ

ከባድ/ ቀላል
arọ / mfe

ረካብ/ ጥማት
agụụ / akpịrị ịkpọ nkụ

ህመም/ ጤንነት
na-aria oria / ahụike

ህገወጥ/ ህጋዊ
n'uzo na ezighi ezi / iwu

ጎበዝ/ ደደብ
onye nwere ọgụgụ isi / onye nzuzu

ግራ/ ቀኝ
aka ekpe / aka nri

ቅርብ/ ሩቅ
dị nso / tere anya

አዲስ/ አሮጌ
ọhụrụ / jiri

ምንም/ የሆነ ነገር
enweghi ihe / enwere ihe

ሽማግሌ/ ወጣት
agadi / nwata

የበራ/ የጠፋ
gbanye / gbanyụọ

ፍት/ ዝግ
mepe / mechie

ፀጥታ/ ጫጫታ
jụụ / ụzụ ụda

ሀብታም/ ደሃ
ọgaranya / ogbenye

ት ለኛ/ የተሳሳተ
ziei ezi / ezighi ezi

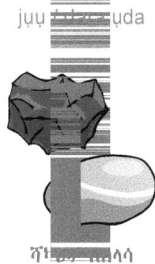

ሻካራ/ ጠላላ
siri ike / lariị

ሐዘን/ ደስታ
mwute / obi ụtọ

አጭር/ ረዥም
mkpụmkpụ / ogologo

ዝግተኛ/ ፈጣን
nwayọọ / ngwa ngwa

እርጥብ/ ደረቅ
dị mmiri / kpọrọ nkụ

ሞቃት/ ቀዝቃዛ
na-ekpo ọkụ / dị jụụ

ጦርነት/ ሰላም
agha / udo

ቁጥሮች
nọmba

| **0** ዜሮ — efu | **1** አንድ — otu | **2** ሁለት — abụọ |

0 ዜሮ efu

1 አንድ otu

2 ሁለት abụọ

3 ሶስት atọ

4 አራት anọ

5 አምስት ise

6 ስድስት isii

7 ሰባት asaa

8 ስምንት asatọ

9 ዘጠኝ itolu

10 አስር iri

11 አስራ አንድ iri na otu

12
አስራ ሁለት
iri na abụọ

13
አስራ ሶስት
iri na atọ

14
አስራ አራት
iri na anọ

15
አስራ አምስት
iri na ise

16
አስራ ስድስት
iri na isii

17
አስራ ሰባት
iri na asaa

18
አስራ ስምንት
iri na asatọ

19
አስራ ዘጠኝ
iri na itoolu

20
ሃያ
iri abụọ

100
መቶ
narị

1.000
ሺህ
puku

1.000.000
ሚሊዮን
nde

ቋንቋዎች
asụsụ

እንግሊዝኛ
Bekee

የአሜሪካ እንግሊዝኛ
Asụsụ Bekee

የቻይና ማንዳሪን
Asụsụ ndị China

ሂንዱ
Asụsụ ndị Hindi

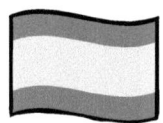

ስፓኒሽ
Asụsụ ndị Spain

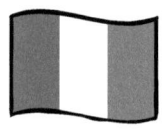

ፍሬንች
Asụsụ ndị France

አረብኛ
Asụsụ ndị Arab

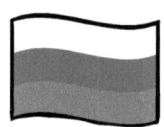

ራሺያኛ
Asụsụ ndị Russia

ፖርቹጊዝ
Asụsụ ndị Portugal

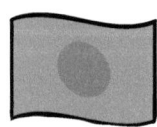

ቤንጋሊ
Asụsụ ndị Bengal

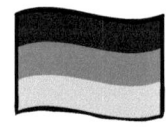

ጀርመን
Asụsụ ndị German

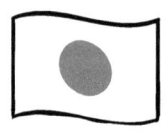

ጃፓንኛ
Asụsụ ndị Japan

ማን/ ምን/ እንዴት
onye / ihe / olee

እኔ
M

አንተ
gị

እሱ/ እርሷ/ እቃዊ
ya / ya / ya

እኛ
anyị

አንተ
gị

እነርሱ
ha

ማን?
onye?

ምን?
gịnị?

እንዴት?
kedu?

የት?
ebe?

መቼ?
mgbe ole?

ስም
aha

የት
ebee

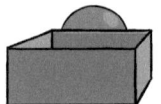
በስተጀርባ
n'azụ

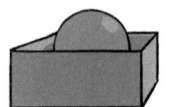
ዉስጥ
n'ime

ክፈት ለፈት
n'ihu

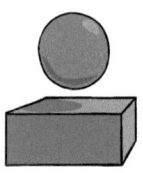
ከላይ
gafee

ላይ
na

ከስር
n'okpuru

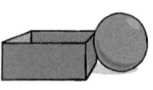
አጠገብ
n'akụkụ

መሃከል
n'etiti

ቦታ
ebe